사진_ 이금용

김 채 운

너머

애지시선 085

너머

2019년 9월 5일 초판 1쇄 발행

지은이 김채운
펴낸이 윤영진
홍 보 한천규
펴낸곳 도서출판 애지
등록 제 2005-000005호
주소 34570 대전광역시 동구 대전천북로 12
전화 042 637 9942
팩스 042 635 9941
전자우편 ejiweb@hanmail.net

ISBN 978-89-92219-86-0 03810

* 이 책은 대전광역시, (재)대전문화재단에서 사업비 일부를 지원받았습니다.

애지시선 085

너머

김채운 시집

□ 시인의 말

무수한 어제를 뒤적여

어쭙잖은 시들을 추려 묶는다

한데 모아놓으니 어설픈 대로 살갑다

천성이지 싶은데

작고 초라한 무녀리들에게

마음 자꾸 쓰이고

눈길 먼저 가는 건 어쩔 수 없다

두 번째다

2019년 이른 가을

채운詩공방에서 김채운

차례

제2부

제3부

제4부

제1부

차양

소낙비 가려주던 양지다방 빛바랜 차양의 배가 불룩해졌습니다 손차양을 하고 나온 마담언니 불룩하게 내려앉은 배꼽자리에 장대 꽂아 고인 빗물 땅바닥에 메다꽂습니다 주르륵, 처진 배 한번 더 추어올리니 경쾌한 함성 내지르며 투신하는 빗물들 이제야 가뿐해졌다는 듯 잠시 수조였던 차양 후줄근히 늘어진 자리에 당글당글 햇빛들 고이기 시작합니다

온몸으로 뙤약볕 가려주시던 낡은 가죽부대, 아버지 몸에 차오른 복수를 빼는 날입니다

소나기 무시로 지나는 오후

소음으로 소음의 입 틀어막기도 하는 것인데
빗줄기 땅바닥 세차게 두드려대며
세상의 소리 다 집어 삼키는 것인데

일시정지 버튼을 누른 듯 빗소리 멈추고
나뭇가지 속 은닉한 매미들 잔뜩 벼른 목청 돋워
한바탕 울음으로 세상 뒤흔들어 놓는 것인데

왕성하던 떼창도 주춤하고
빗줄기 땅바닥에 내리꽂히며 사위에
쌀뜨물 같은 희부연 안개 풀어 놓는 것인데

시나브로 빗소리 잦아들고 다시 이어지는
매미들 다투어 꺼내놓은 울음
소리에 소리를 덧대어 우렁차기도 한 것인데

겹치지도 엉키지도 않으며

빗줄기는 빗줄기대로 매미는 매미대로
소요의 배턴을 주거니 받거니
허공의 곳간 채웠다간 비우고 채웠다간 비우고

물기 마른 내 안의 울음들 끄집어내어
어딘가에 슬며시 얹어놓고 싶은,

평일

만남을 기약한 적 없지만
그리움은 날마다 유효합니다
또 하루가 저물어
가지런히 놓인 철길 옆으로
당신 향한 오롯한 마음이 강물로 흐릅니다
그 물줄기 야위어 드문드문 드러난 바닥을 어르며
읊조리는 느린 뒤척임 소리는
나의 왼쪽 가슴 아래로 자분자분 고여 듭니다
개망초 우둑우둑 서 있는 곁으로
급행열차 휙, 휙, 서둘러 달아납니다
도처에서 손짓하는 이별을 외면하며
우린 서로 어긋난 길 한사코 걸어야 했나요
고요 한가운데로
휘파람 한 자락 그윽이 풀어놓습니다
뒤돌아 볼 새도 없이
강물은 흐름의 기억을 지우며 흐르고
칡덩굴 얽크러진 강둑에서

나는 풍경처럼 오래오래 서 있었습니다

붉은 기억의 얼룩

길모퉁이 여관 앞에 선 배롱나무
아랫도리 함부로 드러내어
내밀한 좌표를 찍어대는
야리야리한 꽃잎들이
추파를 던지며 발칙한 수작 걸어오네

여관방 창에 걸린 때 절은 분홍빛 커튼으로
서로의 목을 조르고 싶었지, 그날
혼탁한 눈동자에 들이친 꽃사태
치정의 급류에서 표류하고 있었지, 우리
타는 갈증에도 제 속내 훤히 드러내며 번연히
밑 빠진 독에다 외로움 쏟아 부으며 번연히

여관이 사라진 자리에 배롱나무
늙은 매춘부처럼 덩그마니 서서
얼룩진 세월 속 그날을 추억하는지
발치에 꽃밥만 고봉으로 얹히도록

찬 서리 내린 날에도

그녀, 붉어라 백일을 붉어라

함구

황구가 사라졌다,

오지랖 떨며 온 동네 간섭하던 누렁이
고것이 집 나갈 리 만무다
웬 잡놈이 잡아먹으러 데려간 게 분명타
험한 말 한 됫박씩 퍼붓던 건넛집 사내
거친 입 나날이 더 거칠어지는 것이었다,

각혈이 멈추었다,

삭정이처럼 말라가던 어린 막둥이
기침소리 밤낮으로 끊이지 않아
그들먹한 눈으로 바라만 보던 아비
고물수레 끌며 그 집 앞 지날 때면
다문 입 나날이 더 굳게 닫히는 것이었다,

권태

처음 가본 길이
길나는 건 잠깐이더군요
낮은 낯을 가리지 않는다는
그건 공공연한 비밀
남의 눈 피하면서 금세
제 눈 질끈 감는 법을 배우지요

외곽의 막다른 길목에 즐비한 무인텔
친막주렴을 들추며
암막의 연막을 친 자가용들
은밀히 들어왔다
슬그머니 빠져 나가는
불타는 오후

재개발지역

아이가 어른이 되고 어른은 개가 되고 짖지도 않는 비루먹은 개 가랑이 사이로 봄은 겨울로 치닫고 어느새 나는 그의 아내가 되어 있었네 그는 나의 지아비 하루벌이 노동자 별안간 시를 쓰겠노라 허공에 목을 매달았다네 그제야 행복한 미소를 지었다는 뉴스는 진실을 보도하는 법을 모르지 겹겹이 나를 둘러싼 가짜뉴스들 중심을 비켜난 과녁의 공간적 시간적 배경은 존재하는가? 가랑이 사이로 겨울은 가을로 내달리고 들풀 같던 사내는 첩첩이 나를 에워싼 산그림자 되어 어느새 지아비가 둘이고 셋이고 넷, 그는 나의 첩이었나 나를 둘러싼 두려움에 늙어가는 첩, 첩들 언젠가 겨울산행에서 만난 인면암人面巖, 수심 가득한 옆모습이 내 아는 폐허를 빼쏘았지 — 눈 속에 반쯤 파묻힌 뺨, 광대뼈에 완강한 슬픔이 드리워진 그, 뒷걸음치듯 돌아간 도시는 오래전에 늙고 병들었다네 소문처럼 번지는 빈집들 사람의 온기 빠져나간 껍데기를 음습하게 을씨년스런 기운들이 채우고 있었네 몸을 반 접어 가랑이 사이로 들여다보면 어른은 개가 되고 개는 아이가 되어

뛰노네 이제 아무도 짖지 않는다네

늦은 인사

— 나팔꽃에게

아침이 저물었습니다

어물쩍

나의 게으른 눈 맞춤에

꽃입

꼬옥, 다물었습니다

옥신각신

팔순의 백부 곁엔 언제나 속내 모를 여인들로 복닥거렸지 어느 날 육십 초반의 여인과 새살림 차렸다고, 온 집안 온 동네 들썩이게 팔순잔치도 벌렸대 이윽고 딱 사흘 지나 도로 홀몸 되셨겠다, 사내는 아픈 만큼 성숙해지는 법 여전히 세상의 절반은 여자이고 준치는 썩어도 준치라는 울 백부님의 지론

젊은 날의 백부가 큰일 저질러 우리 집 송아지 한 마리 꿀꺽해 드셨대 그러고도 바람 잘 날 없었다지, 오십여 년 지난 일도 엊그제 일인 양 울 아버지 귀에 딱지 내려앉도록 바락바락 바가지 긁으시는, 아무렴 사람은 쉽게 안 변해 준치는 얼어 죽을, 굴뚝에 묻어 둔 흰 개꼬리 삼년*이라는 울 어머니의 지론

* 흰 개 꼬리 삼년 묵어도 황모 되지 않는다. 즉 본바탕이 좋지 않으면 어떻게 하여도 그 본질이 좋아지지 않음을 비유적으로 이르는 속담을 빌렸음.

바깥에 갇히다

열쇠공이 오기까지, 달려와
막힌 숨통 마법처럼 틔어줄 때까지
추레한 세상의 모퉁이에서 맞닥뜨린
느닷없는 막막함은 어떻게 견딜까요

허둥대다 키를 잃고 길을 잃고
마음은 온 데 간 데 없어지고
후미진 세월의 뒷골목에서 맞닥뜨린
난데없는 먹먹함은 어떻게 견딜까요

앙다문 기억의 자물쇠는
또, 어떻게 풀어야 할까요

경계에서

지름길 따라 지하보도
들어서다 뚝 멈추었네

층계참 바닥에 엎디어
세상 향해 끝없이 낮아지던
늙은 사내와 두 눈 딱 마주쳐

인색한 겨울 볕 드리운 동냥바구니 앞에서
주머니 속 잔돈푼이나 헤아리다가

일상이 스미지 못하는
지하와 지상 그 틈바구니에서
나 여전히 서성이고

소리, 손끝으로 듣다

— 임선빈 악기장

두둥 둥둥 덩덕,
대청에 들이친 달빛이 숨을 죽인다
이르러 장인이 소릴 잡아
반년 간의 북 짓기를 끝내려는 참이다

두둥 두둥둥 덩덩 덕,
귀신같은 장인의 손끝이
쇠가죽에 들어찬 느꺼운 한恨 짚어내
울림막의 떨림을 읽어낸다

지축을 흔드는 들소 떼의 내달림 소리
세상을 뒤엎는 태풍의 포효도 잦아들고
땅의 기운 감아올려 구름의 평원 다지는
소리, 소리들 장인의 맥박 다시금 힘차게 뛴다

불덩이 머금은 크나큰 울음으로
우렁우렁 세상 한번 울려보겠다고

숨죽여 견뎌온 세월이 이제야 소리의 새 몸 얻어
장인의 손끝에 총명한 두 귀 달아줄 때

둥둥둥 덩덩 어허,
이 순간 숨 끊겨도 여한 없겠노라
어릴 적 청력 잃은 북장이
이마에 가열히 들이치는
달빛 떼

짱짱한 목숨

댐이 들어서자 호수가 된 마을,
사람들이 뿌리 뽑힌 채 황망히 떠나자
지도에서도 지워진 마을,
그 언저리를 언제부턴가 갈대들이 메우기 시작했지

애초에 제 속 채우려 애쓰지 않았으므로
하찮은 것들끼리 한데 뭉쳐 흔들리면서
바람벽 하나 없는 허허벌판에
더불어 꽃 피우고 빛바래면서

다시 올 봄 기다리는 갈대들
얼음장 밑으로 뿌리의 힘줄 푸르게 돋우며
칼바람 속 참선에 든 수도승,
그 부동의 힘으로

난기류

하늘길에도 요철구간이 있다

불가항력의 떨림, 견디며

너에게로 가는 길

다가설수록 세지는 척력

허공에도 요철구간이 있다

제2부

채송화

야트막한 언덕배기에 들앉은 성당
길섶에 채송화 무리무리 피어 있어요
완만한 오르막을 오르는 꽃빛 양산을
성호가 바짝 뒤따르네요

뽀얀 고무신에는 굳은살 박인
무릎이 포옥 담겨있고요
연분홍 린넨 원피스 자락 뒤로
검은 타이즈 속 뒤꿈치들 한들거려요

앉은뱅이 꽃 한 송이
맑은 아침햇살 아래 무 릎 무 릎 떠가요
느리고 좁은 보폭을 재며
키 낮은 엄마를 좇는 일곱 살 성호

저만치서 연한 미소로 마중하는 신부님 향해
수줍게 성호 그어 화답하고 있어요

투명한 슬픔

새벽 비에 맑게 씻긴
집 한 채

대롱대롱 드리운 주렴 사이로
바람 한 점 없이도 파닥이는,

채 이륙하지 못한
보랏빛 날개 한 쌍

한참을 머물다 떠났다

청탁 원고

출하 일자를 맞추려
영글다 만 열매를 땄습니다
풋내 물큰한 무녀리들 앞에서
마음이 자꾸만 곱아졌습니다

불시에 들이닥친 손님 상床에
설익은 떡을 내놓으시고는
물러나 속 끓이시던
오래전 엄마 얼굴이 떠올랐습니다

생의 고삐

세상 뜬 지 사나흘은 족히 지났대요 글쎄 무슨 고삐마냥 양은주전자 손잡일 움켜쥐고 문지방 앞에 콱 고꾸라진 채 한뉘*를 바람처럼 떠도느라 아내는 화병에 먼저 가고 자식들마저 등 돌린 지 오래 병든 몸 이끌고 흘러든 지하 단칸방에서 선찮은 다리로 자리끼 뜨러 가던 중이었다지유 허이구 뻔허지 뻔혀 살문서 곁사람 심들게 혀 봐 낭중에 열 배 스무 배 더 큰 죄 받는 겨 맞어유 그렇게 인생 종치는 거쥬 쯧쯧 그래도 참말루 안됐구먼

연세가 지긋한 어르신네들 죽 둘러서서 한 마디씩 거드는데요 사람 온기 스러진 방구석에서 때마다 고물단지 자명종 시계만이 울다울다 제풀에 그치곤 했다네요 글쎄

* 살아 있는 동안 내내

봄 허기

저녁 해 기울어 꽃잎 이우는데
함부로 퍼내 흩은 밥덩이처럼
길바닥에 가들막이 눌어붙은 꽃잎들
조팝나무 발치를 떠나지 못하네

당신과 헤어져 돌아오는 길목에
한 발 앞서서 부풀어 오르는 추억은
손사래 쳐도 손사래 쳐도 멈추지 않는
섭 없이 키워 놓은 사랑 탓인가요

어둠의 등 떠미는 바람이
꽃자리마다 그리움의 심지 돋우는데
어쩌나요, 바닥난 뒤주처럼
채워지지 않을 이 봄날의 허기를

산수유 필 무렵

떠나던 겨울이 느닷없이 뒤돌아서
3월 문턱에 풀어놓은 꽃샘추위
그 시새움이 그러쥔
앳된 봄의 발목에 돋는 푸른 힘줄

머묾과 밀어냄의 엇갈린 속내에
걸음 더디어도 올 것은 끝내 오고야 말지

볕바른 들녘마다 소문처럼 번져가며
샛노란 멀미 토해낼 자디잔 꽃숭어리들
눈부시어 내 마음 글썽이게 하리니

고통 없이 오는 사랑
그건 가짜

너머

세상의 윗목으로 밀려나 냉골에 엎뎌 살아온
그는, 지금 불의 침대에 누워 있다

불끈 솟은 굴뚝은 세상의 아랫목 향해
연신 허옇게 토악질을 해대는데

대기실 전광판에 화장 종료 사인이 켜진다

유리벽 너머 흰 마스크 쓴 노인
꾹 꾹 뼛조각을 빻고 있다, 마침표 찍듯

유골함 문이 닫히고
그의 마지막 페이지도 조용히 덮인다

삼척2

내 영혼의 외딴섬엔
무연히 해가 뜨고 서글피 해가 지고
썰물처럼 또 하루 쓸려나가요

다독여 줄 이 하나 없는
거들떠보는 이 하나 없는
고도에서 나는 아이 하나 낳았지요

몸이 자그마한 그 아이는
화수분 같은 울음주머니 하나 달고 태어났는지
아무리 퍼내어도 그치지 않는

울음 울음 울음

아이의 난해한 절규 앞에
난 눈물 글썽이며 허둥거릴 뿐이었지요
목숨과 목숨 사이 척력이 거세지던 곳

삼척 삼척 삼척

막 버스

어둠을 질러온 쇠짐승 한 마리
멈추어 삼켰던 먹잇감 꾸역, 토해놓고는
퇴각 중이다 훅훅 더운 입김 내뿜으며
가뭇없이 사라지고 있다

외사랑에 목숨 건 한 사내
멈추어 참았던 울음 왈칵, 쏟아놓고는
뒷걸음질치고 있다 깊은 숨 몰아쉬며
아스라이 멀어지고 있다

목울대 뜨겁게 당기는
마지막 뒷모습들

그, 짜안함

잡은 새
놓쳤다,

치켜든 욕망의 대가리
치욕이었나,

깃털에 남은
울음 부스러기들,

잡은 새
놓아주지 못했다,

그리 오래지 않은

열 펄펄 끓는 돌배기 들쳐 업은 아낙네
땡볕 아래 신작로 내달리는데
퉁퉁 불어터진 젖무덤 위로
폭포수처럼 땀줄기 내리고 제풀에
지쳤는지 자지러지던 갓난애 울음도 잦아들고
아가, 조금만 아가, 조금만
의사 선상 보도록만 참어 참어라
우리 아기 잠들었나 울다 지쳐 잠들었나
건성건성 다릴 건너 내리막도 한달음에
인적도 없는 팔월 땡볕 아래로
가쁜 숨 몰아쉬며 이 악물고 어미는 담박질하네
등에 업힌 어린 것 슬그머니
고갤 떨구었나, 뜨끈한 등줄기 땀범벅에
잠잠하네, 울 아기 울다 지쳐 잠든 게지
장터어름 다다라 아낙네 부여잡고 물었다네,
보소, 울 아기 잠들었지유?
울 아기 잠 들었지유?

아낙이 혀만 끌끌 차더니
입 굳게 닫고 고갤 가로젓네,

죽은 아이 들쳐 업고 내달려온 십리 길
늘어뜨린 명줄 뚝 끊어져
딸 부잣집 막둥이 나와 언니는 일곱 살 터울,
그 사이 잠깐 살다간 사내애 하나 있었다는
그 시절 엄마만큼 나이 먹고 침 듣는 옛이야기
그날도 그랬을까
팔월 한낮 매미의 떼울음
곡소리로 끓어 넘치는데

귀벌레

Ring Ding Dong Ring Ding Dong*
Ring Diggy Ding Diggy Ding Ding Ding

언젠가 귓속에 슬어놓은 노래 알 하나
마수없이** 부화하여 서리서리
리듬의 타래를 풀어낸다
진종일 귓바퀴를 돌리고
잠결까지 따라와선 무한반복
재생의 도돌이표

Ring Diggy Ding Diggy Ding Ding Ding
Ring Ding Dong Ring Ding Dong

* 그룹 샤이니가 부른 노래 「Ring Ding Dong」(2009년 발표)에서 따옴.

** 나타나는 모양이 아주 뜻밖이고 갑작스럽게.

BGM*

당신을 잔잔하게 풀어 놓고 어떤 날엔 당신을 유유히 흘려보내고 폭풍의 신부를 지키는 코코슈카처럼 그러한 당신은 주연도 조연도 아니지 그윽하고 고즈넉하게 화려한 꽃들 뒷배 봐주는 안개꽃 같은 사람 언제나 기다리고 또 기다리는 당신은 오롯이 내 삶의 배경이 되어준 사람, 있었지 끝끝내 그러한 당신을 나는 알아채지 못하고

* 배경 음악(background music)

가만히

해묵은 백자 찻잔 들여다보니
실금들 뉴런처럼 뻗어 있다
황토 가마 속 고온의 고통 견디느라
비어져 나온 신음들이 그어놓은 것
그 파리한 자리에 찻물 스미어
곤고한 흔적을 메운다

여든 살 엄마 얼굴 들여다보니
세월의 파도에 쓸려간 자국 가득하다
모진 해일 속 쓰거움 견디며 삼킨
속울음이 새겨놓은 것
그 가없는 자리에 봄볕 드리워
생의 무늬 다시 그늘새김한다

제3부

사는 법

햇발 들이치다가 멈칫한 시장 골목쟁이 방앗간 미닫이 문 열리는 소리에 어디선가 누추한 잠 청했을 비둘기들 한— 두세— 서너— 구구구 구구 때마침 익숙한 포즈로 내려앉는다 그 흔한 참새보다 빠르고 우아한 몸짓으로 꾸룩 꾸루룩 짐짓 허기를 들키며 고추씨 들깨알도 좋아 나락 한 톨 보리쌀도 마다않지 자질구레 흩어진 알갱이들 앞에서 엄숙히 머릴 조아릴 줄도 알지 저물도록 방앗간 언저리 떠나지 않고 도심 변두리의 어엿한 일원으로 자벌적 애완조가 되어 오늘도 그렇게 한 목숨 이어갈 일이다

이별 후

꿈자리 사나웁더니
그예,

맥없이 놓쳐버린
잠의 꼬투리

푸른 소름 돋아나는
허와 공 사이

몇만 광년 건너야
순한 잠을 청할까

피뢰침

그 아뜩한 자리

뜨겁고 강렬한

외경의 말씀 향해

곧추 세운

갈망의

촉수

낙우송落羽松

소슬바람에 실어
녹슨 깃털들 내려놓고 있다

이제,
그만하면 됐다

갈맷빛 날개 펼쳐
한 세상 오지게 품어봤으니

물고기와 아이들
— 이중섭展에서

세상은 둥글하므로 바다의 아이가 물고기를 데리고 논다 아이와 물고기와 아이와 게와 그리고 중섭이 둥글둥글 하나로 이어지고 콧수염 덥수룩한 중섭도 아이들 틈에 슬쩍 끼어들어 금세 어린아이 돼버리고 천진하게 난만하게 아이들은 물고기를 데리고 게를 데리고 중섭을 데리고 둥글게 둥글게 서로 어우러져 게와 물고기와 아이와 놀이에 빠져 시간 다 잊어 먹고 파도는 신나게 밀려왔다 쏜살같이 달아나고 세상은 둥글하므로 중섭도 놀이에 빠져 세상 시름 다 까먹고

모일某日

밤꽃 내 낭자한 은빛마을
그날 한낮의 고요가 진저리를 쳤대요,

몸이 달아 달려든 치매의 여든이
반신불수 일흔 앞에
팍 엎질러져버린 거죠,

하여 여든은 독방으로 떠밀리고
일흔의 설움 깡그리 달랜 뒤에야
그 소요 잠잠해졌대요,

밤꽃 내 질펀한 은빛마을
그날의 뒷담화는 피고 또 피어나고요,

편두통

— 변제의 방식

못다 갚은 전생의 빚 있었던 게다
불시에 떨어진 추심명령처럼
불쑥 찾아와 법석을 떨며
쿡 쿡 쿡 함부로 들쑤시고
집적대다가는 을러대기도 하며
한바탕 '나' 란 존재를 헤집어놓아 차라리
목숨 줄 내놔라 윽박지른다면 허깨비처럼
난, 목숨 고삐 내던져주고 싶어
하릴없이 백기 치켜들 수밖에
하여 얼마나 더 참담해져야 놈들은 성에 찰까
혹여 못다 갚은 크나큰 부채負債의 행방 좇아
애써 애써서 떠올려보려는 것인데
핏발 선 눈으로
새벽 푸르러지도록

파슈파티낫 사원에서

1.
젊은 가이드의 손끝이
죽음을 기다리는
집을 짚어주네
삶의 마지막 혼신의 힘 다해
다다른 황량한 종착역에서
치료도 식음도 물리고
오로지 기다리는

끝장

2.
사원 앞을 가로지른
강줄기 흐릿한데
상류는 상류
하류는 하류

허공엔 먼저 지핀 연기
잿빛으로 흥건한데
온데간데없는 슬픔으로
상류는 상류에서
하류는 하류에서

다비 다비 다비

산딸나무꽃

저만치 하얀 십자가 짊어진 무리,
신을 향해 제 목숨 기꺼이 내놓겠노라
의연한 기세로 군집한 것인가
그 휘황한 광경에 마음이 팔려

저만치 미사포 쓴 정결한 여인의 무리,
신을 향해 제 정성 기꺼이 바치겠노라
거룩한 새벽 미사 올리는 것인가
그 눈부신 자태에 눈을 빼앗겨

한달음에 내달려와서야 알았지
헛것 헛꽃 헛것 헛꽃
꽃잎의 변장
그 하얀 술수에 홀딱 넘어가버렸음을

찻잔의 칼날

커피 첫 모금에 상처 하나 얻었네
선홍빛 꽃망울 부푼 아랫입술
쓰라림은 반 박자 느리게 감지되고

날렵한 아픔 뒤에야 깨닫네
이 빠진 도자기 찻잔
잘 벼린 날 하나 품고 있었음을

청춘의 갈피표 같은 서툰 입맞춤으로
내 마음 할퀴고 간 사내
다시 나를 불러 세우고는

파리한 이빨 자국 하나
꾸욱, 가슴에 새겨 주네
나 이제는 하나도 아프지 않네

갑사 당간지주에 기대어

예고 없이 날아든 독촉장처럼
십일월 잿빛 허공에
눈보라,
생채기 마구 그어대고 있었다

계룡산 자락에 들앉은 절집을 끼고
동남쪽 기슭으로 휘우듬히 들어서다
뜻밖에,
생전의 외조부모님을 뵈었다

게릴라 같은 집달관*들 들이닥치자
서리 맞은 고춧대마냥 허물어진 지아비
버팀목 되어 불끈, 일으켜 세운 건
섬약한 지어미의 헌신이었다고

매서운 매질일수록 두 눈 부릅뜨고 견디라며
헐은 내 마음 어르시던 당신들 사라진 자리에

듬직이
당간과 지주께서 서 계신 게 아닌가

* 집행관(執行官)의 이전 말.

껌딱지

단물 빠진 껌은 왜 검어지나
길바닥에 들러붙어 짓이겨지며
하릴없이 팽개쳐진 것들 점 점 점
왜 둥그런 먹빛으로 번지나

뙤약볕 퍼붓는 한낮
노란 머릿수건 둘러쓴 공공근로자들
물결무늬 보도블록 위를
뒤뚱뒤뚱 오리걸음으로 전진하며
좀처럼 떨어지지 않으려는
나쁜 기억을 긁어내고 있다

그 기억 들어낸 자리마다
스며든 거뭇거뭇한 얼룩들
버림받은 것들은 밑바닥에
왜 둥그스름한 흉터를 새기나

시인 K

시의 밧줄에 매달린 채 함부로 생의 바닥까지 닿으려 했지 술잔에서 술병으로 어느새 술독이 되어버린 그 사내, 눈먼 두 눈으로 귀먹은 두 귀로 흐릿한 죽음과의 불온한 거리 좁히며 황량한 목적지에는 가까스로 다다르지 못하고 그저 바닥만 들여다보았다지, 착하게 몹시도 여리게 생애 처음으로 모범생도 되었다지, 폐쇄병동 — 그곳은 세상에서 가장 안전한 유리감옥

술독이었다가 술병으로 다시 술잔이 되고 어느 새 빈 잔이 되어버린 제 몸과 마음 공글러 평온을 얻은 사내, 스르륵 놓아버린 밧줄 덕분에 가까스로 세상의 밑바닥에 닿지 않고 생각은 하염없이 묽어져 그 멀건 마음으로 더 이상 시를 쓰지 않는 시인

몰의 연대

살아서는 결코 채울 수 없는

빈칸이 있다

(1969 ~)

.

믿기 싫은
실제

,

믿고 싶은
환상

별아, 넌 멀리 있구나!

제4부

낡은 시집 한 귀퉁이에 적다

인적 끊긴 정류장에
버스는 여태 닿지 않고
야윈 버짐나무 그림자
보도블록 너비로 누웠다가 반나마
축대의 부축 받으며 서 있다

빗장 풀린 기억의 들창 너머
사방연속무늬로 번지는 사랑 한 소절
들킬 일도 없는데 허투루
등줄기에 흘러내리는 식은땀은
어떤 욕망의 징후인가

흐린 달빛 아래
막차는 여태 닿지 않고
쓰다만 신파조의 소설처럼
눈발 성글게 흩날리기 시작한다
소설小雪이었다

곡우살이*

청명도 지나 곡우 즈음이면
조기 떼
겨울난 흔적 지우며
지느러미 힘차게 저어
격렬— 격렬— 나아간다

흑산도 떠나 격렬비열도 닿을 즈음
조기 떼
짧은 생의 종지부
꾹, 찍는다
비열— 비열— 날아간다

* 곡우가 되면 흑산도 근처에서 겨울을 보낸 조기가 북상해 격렬비열도 부근에 올라오는데 그때 잡는 조기를 특히 '곡우살이' 라 하고 살은 아주 적지만 연하고 맛이 좋다.

어떤 동행

알큰히 취한 몸이 갸우뚱
자전축의 기울기만큼씩 건들건들
길게 늘어선 축대 따라 걷다 보니 어느새
직립의 그가 나와 발맞추고 있었네

검은 습자지 같은 몸이 구겨질 듯
축대의 무늬 더듬으며 흐르고
경사를 따라 제 몸 부리는 형체의 고단함이여
우주를 떠돌다 불시착한 별 하나 어느 틈엔가
내 구두 뒤축에 제 발목 단단히 묶어놓았구나

중력도 없는 애잔한 몸
떨쳐낼 수 없어 떨쳐낼 수 없어
나의 목숨 가뭇없이 사라지는 그날까지
동행이다 그, 임자여

기억의 비무장지대

초인종이 두 번 울리고 연이은 헛기침 소리
다급한 인기척에 벌컥 현관문을 여니
추레한 노인이 굳은 낯빛으로 묻는다
— 뉘시오, 왜 우리 집에
열린 문틈으로 보이는 낯선 풍경에 말끝을 흐리며
— 여기, 여기가 아니구먼, 미안하게 됐수다.
허름한 아파트 3층 복도로 그를 이끌었을
확신에 찬 기억의 실마리는 다시금 엉킨 실타래 되어,
핼쑥한 낯빛으로 돌아서는 그에게
— 어르신, 살펴 가세요.
나직이 고개를 숙이며 읊조린다
이젠 더 이상 찾지 마요,
어차피 돌아가야 할,
0번지

고요한 잠 거룩한 잠

문상객 발길 끊긴 새로 두 시
상주喪主도 곯아떨어지고
영정사진 속 고인이 잔잔한 미소로
산 자들의 잠 지키고 있다

서너 끼 곡기는 끊어도
몰아치는 잠 그,
아늑한 품에 안기면 모누가 순한 짐승

슬픔마저 망각의 강으로 밀어 넣으며
죽음을 예행연습 하듯
두 눈 감고 마음 내려놓은 채 잠시

거룩하게 고요한 이 밤 지나면
발인發靷이다

목련

— 큰엄마에게

청순과 청승의 사이
너무나 짧았어라

바람이 숨죽이는
우듬지에서

발끝 곧추 세운다, 마지막
활강을 위하여

슬픈 관능

앙큼한 저것이 상복을 입었는데 제 아비 죽어 검은 상복 입었는데 해쓱한 낯빛과 짓무른 눈가를 보면 아비의 죽음 자명한데 훤하게 잘난 제 아비는 사시사철 검정양복 차려입은 무일푼 번화한 도심지 네거리 슬렁거리며 지나는 뭇 여인들 가슴만 콩콩 뛰게 했다는데 느지막이 태어난 저것이 아비의 맵시 그대로 빼박아 검은 상복 입은 저것이 왜 아리따워만 보이는 것이냐 스무 살의 고아 저것이 왜 관능미 설설 풍기는 것이냐 제 아비 장례의 날에 스무 살 적 제 아비 닮은 저것이 늘비한 근조 화환 곁에 서서 백치 같은 표정으로 이 앙다물었는데 영정 앞에 절 올리는 뒤태마저 검은고양이만 같아 참 하릴없이 나른한 기운 감돌게 하는데

견본

오롯이 제 것 아닌 제 것일 수 없는 목숨, 곧이곧대로 견본이어야 한다

포르말린 냄새가 밴 실험실에 빙 둘러 선 우리들 얼굴에는 두려움이 점령해 있었다 사지에 침이 꽂힌 개구리가 칠성판에 누워 이승의 마지막 들숨 날숨을 아스라이 잇고 있다 조별 조장은 제의를 집전하는 사제, 깊은숨 들이마신 연후에 메스를 들어 허옇고 볼록한 산 제물의 뱃가죽 죽 긋는다 내처 해부용 가위로 갈라 속내 활짝 열어젖힌다 자, 보아라 두 눈 크게 뜨고 들여다보아라 목숨이 목숨이도록 뜨겁게 생동하는 검붉은 장기를! 누군가는 신기한 듯 얼굴 바짝 들이대고 속속들이 살핀다 아무렇지도 않게 핀셋으로 이리저리 들쳐도 보고, 호기심 가득한 시선은 내숭인지 조롱인지 킥킥대는 웃음소리 "가쁘게 뛰는 게 심장이요 이것은 콩팥이며 간이고, 또 이것은 쓸개, 그리고 이것은 개구리의 생식—" 그 이름 다 내뱉지도 못한 찰나 제물의 왼쪽 앞다리가 허공에 솟구친다 사지를 고정시킨 침이 실험실바닥 저만치로 날아가 떨어진다, 남은 다

리들도 칠성판 벗어나려 난장이다 어설픈 마취 풀리면서 저 버둥대는 다리들 물갈퀴 펼치어 떠나온 연못 향해 헤엄쳐 나가려나 꽂은 침 뽑아내어 우리에게 일침을 가하려는 심산인가 열린 몸통 속 심장은 더욱 세차게 뛰는데 살아 있다는 건 공포인가 치욕인가 까발린 채로 제 속 다 드러낸 채로 그것은 어쩌면 우리들의 몫! 희생제물의 몸부림 거칠어질수록 우리들의 몸서리는 점점 더 격렬해지고……

백야

죽음도 어둡거니와
삶도 그러하니라*

어느 편에 불 밝혀야 하나?

캄캄 절벽에 서서
깍지 낀 마음
여태 풀지 못하고

* 삶도 어둡고 죽음도 어둡다 — 구스타프 말러

아름다운 연착延着

자리길 따라 흐르던 별 하나
저만치서 건넨 목례가
늙은 가장의 흐릿한 망막에 와 닿았습니다

단 한 번의 눈 맞춤을 위해
앞서거니 뒤서거니 숨 가쁘게
수천수만 리 어둠 건너오는 별빛들 있습니다

칸나

고장 난 교차로 신호등 앞
수신호 풀리길 기다리다 그만 눈길 마주친
그녀에게 홀렸음이 분명하다 그러지 않고서야
이토록 심장이 후들거릴 수 없는 법
뜨겁고 물큰한 무엇이 치밀어 오를 수는 없는 법

중앙분리대 화단에 멋대가리 없이 서서
팔월 땡볕 두텁게 껴안고는
달아오를 대로 후끈 달아올라 더운 신음 뿜어내는
그녀의 붉은 화냥기 어느 틈엔가 번져와
내 가슴 활활해지는 것인데
이 순간 모든 게 끝장난대도
절로 뻔뻔해 질 수 있겠단 것인데
이대로 나 화냥이 되어도 좋겠단 것인데

어설픈 사랑에 허물어진 마음 추슬러
왔던 길 되짚어 돌아가라 등 떠미네

온몸 불태울 수 없다면 순 거짓말
돌아가 죽도록 사랑하라
나를 홀딱 홀린 그녀,
달뜬 내게 톡톡히 일러주네

대비

―「죽은 아이를 안은 여인」(1903), 캐테 콜비츠 作

한껏, 고갤 젖힌 아이의 이마 화안하다
와락, 고갤 박은 어미의 정수리 캄캄하다

규명할 수 없는 무채색의 슬픔덩어리

아이는 환한데 죽어 저리 환한데
어미는 어둡다 살아 이리 어둡다

견고한 잠

투드덕 투드덕 한낮의 적막을 긁어대던 소리 잠잠해졌다 목침을 베고 잠이 든 아버지, 손아귀에 담긴 호두 두 알이 화를 다스리는 동안

아버지의 거처가 바뀌었다 일흔 지나 병원 출입 잦아지더니 대학병원 입원실에 둥지를 튼 것이다 선잠 든 아버지 머리맡에 덩그마니 놓인 호두알에 반질반질 윤기가 돈다

세상 향해 불끈 쥔 주먹 날리는 대신, 손바닥 불룩하게 품은 호두 두 알 눅눅 불서진 주름지리 갈아낼수록 아버지 모난 마음결도 둥그러졌으리라

겹겹의 껍데기 둘러쓰고도 가장 불안했을 세속의 가장 자리, 그의 잠은 언제쯤 단단해질까

해설

사소한 일상에서 피어나는 삶의 무늬

— 김채운 시

오홍진(문학평론가)

김채운이 지은 시는 사소한 일상에서 피어난다. 사소한 일상이라고 했지만, 시적 번뜩임이 일어나는 어떤 순간을 담은 일상이라는 점에서 사소한 일상은 결코 사소하지 않다고 할 수 있다. 사소한 일상이 사소하지 않은 일상으로 거듭나는 자리에서 시 특유의 의미가 발생한다. 시작(詩作)이란 게 원래 그렇지 않은가. 시를 어렵다고 생각하는 사람들이 많지만, 사실 시를 읽으며 어렵고 쉽고를 따질 필요는 없다. 시는 보는 만큼 보이고, 듣는 만큼 들린다. 지금 우리가 하는 사소한 일 하나도 시인의 눈으로 보면 세상을 뒤바꿀 엄청난 힘으로 비칠 수 있다. 중요한 것은 일상

자체가 아니라 일상을 보는 눈이라는 말이다. 일상에 익숙한 사람들은 보이는 것만 보려고 한다. 시인은 다르다. 시인이 일상을 벗어날 수 없는 것은 분명하지만, 시인은 일상 속에서 일상 너머를 끊임없이 보려고 한다.

「차양」이라는 제목이 붙은 시에서 김채운은 소낙비가 내려 배가 불룩해진 빛바랜 차양에 주목하고 있다. 다방에서 나온 마담언니가 배가 불룩하게 내려앉은 배꼽자리에 장대를 꽂아 고인 빗물을 털어낸다. 처진 배를 한번 더 추어올리니 빗물들이 경쾌한 함성을 내지르며 땅으로 떨어져 내린다. 빗물을 털어내고 가뿐해진 차양 위로 당글당글 햇빛이 고이기 시작한다. 여기까지 보면 일상에서 흔히 보는 소소한 풍경이다. 시인은 누군가의 눈에는 아무렇지도 않은 이 작디작은 일상에서 "온몸으로 뙤약볕 가려주시던 낡은 가죽부대"를 떠올린다. 가죽부대의 주인은 아버지이다. 아버지는 빗물을 머금어 축 처진 몸으로 뙤약볕에 시달리던 아이의 몸을 가려주었다. "아버지 몸에 차오른 복수를 빼는 날"이라는 시구에 드러나는 대로, 어린아이를 가려주던 아버지의 가죽부대는 이제 복수로 가득 찬 병든 몸이 되었다.

눈에 보이는 일상만으로는 눈에 보이지 않는 진실을 볼 수가 없다. 진실은 언제나 보이지 않는 그늘에서 드러나는 법이다. 보이는 것에만 집착하면 진실은 그늘 너머 어둠 속으로 숨어버린다. 시작(詩作)은 무엇보다 이러한 진실을 언어로 표현하려는 시인의 욕망에서 비롯된다. 시인은 보이는 세계 너머에서 살이 움직이는 진실을 눈 부릅뜨고 봐야 할 의무가 있다. 「함구」에서 시인은 오지랖 떨며 온 마을을 간섭하던 누렁이가 사라진 상황을 묘사하고 있다. 누렁이 주인인 건넛집 사내는 험한 말로 개를 훔쳐간 '잡놈'을 저주한다. 누렁이는 누가 데려갔을까? 시인은 삭정이처럼 마른 몸으로 밤낮을 가리지 않고 기침을 하던 어린 막둥이가 "각혈을 멈추었다,"는 시적 정황을 제시하고 있다. 피를 토하는 아이를 그들먹한 눈으로 바라만 보던 아비가 누렁이를 잡아 아이에게 먹인 것이다.

"고물수레 끌며 그 집 앞 지날 때면/다문 입 나날이 더 굳게 닫히는 것이었다,"는 진술로 시인은 개 도둑이 된 아비의 마음을 표현하고 있다. 누렁이가 살던 집 앞을 지날 때마다 아비는 개 도둑을 저주하는 건넛집 사내의 험한 말을 온몸으로 들었을 것이다. 혹여나 사내와 눈이 마주칠까 두려워 아비는 고개를 푹 숙인 채로 굳게 입을 다물고 그 집 앞을 지났다. 시인은 나날이 더 굳게 입을 다무는 아비를 보며 개 도둑이 되어야만 살 수 있는 삶의 비극을 에둘러 드러낸다. 누렁이 실종 사건이라는 사실 이면에는 피를 토하는 아이를 안쓰러운 눈으로 바라보는 아비의 아픈 현실이 스며들어 있다. 사실만 보면 아비의 아픔은 전혀 보이지 않는다. 보이지 않는 진실을 보려면 보이는 것 너머를 들여다보는 힘을 길러야 한다.

소음으로 소음의 입 틀어막기도 하는 것인데
빗줄기 땅바닥 세차게 두드려대며
세상의 소리 다 집어 삼키는 것인데

일시정지 버튼을 누른 듯 빗소리 멈추고
나뭇가지 속 은닉한 매미들 잔뜩 벼른 목청 돋워
한바탕 울음으로 세상 뒤흔들어 놓는 것인데

왕성하던 떼창도 주춤하고
빗줄기 땅바닥에 내리꽂히며 사위에
쌀뜨물 같은 희부연 안개 풀어 놓는 것인데

시나브로 빗소리 잦아들고 다시 이어지는
매미들 다투어 꺼내놓은 울음
소리에 소리를 덧대어 우렁차기도 한 것인데

겹치지도 엉키지도 않으며
빗줄기는 빗줄기대로 매미는 매미대로
소요의 배턴을 주거니 받거니

허공의 곳간 채웠다간 비우고 채웠다간 비우고

묽기 마른 내 안의 울음들 끄집어내어
어딘가에 슬며시 얹어놓고 싶은,

—「소나기 무시로 지나는 오후」 전문

땅바닥을 세차게 두드리며 비가 내린다. 세상의 소리를 다 집어 삼킬 듯한 빗줄기 소리를 들으며 시인은 소음으로 소음의 입을 틀어막는 상상을 한다. 세상에서 들려오는 잡소리를 떨쳐낼 듯이 거창하게 내리던 빗줄기가 일시정지 버튼을 누른 듯 갑작스레 그친다. 잠깐 세상이 고요해진 사이 기다렸다는 듯 나뭇가지 속 은닉한 매미들이 한껏 목청을 돋는다. 세상 소리는 이제 맹렬하게 울어대는 매미 소리에 묻힌다. 떼창으로 부르는 한바탕 울음이 세상을 뒤흔드는 것도 잠시, 빗줄기가 다시 땅바닥에 내리꽂히는 소리가 사위로 퍼진다. 빗소리가 그치면 매미 소리가 이어지고, 매미 소리가 그치면 빗소리가 이어진다. 세상의 잡다한 소리는 빗소리에 치이고, 매미소리에 치여 "쌀뜨물 같은 희부연 안개" 너머로 속절없이 사라진다.

빗줄기 소리와 매미 소리는 겹치지도 엉키지도 않으며 줄기차게 울어댄다. 텅 빈 허공은 빗줄기 소리로 채워졌다가는 이내 매미 소리로 채워진다. 하나를 비우면 다른 하나가 채우고, 다른 하나를 비우면 또 다른 하나가 채운다. 끊어질 듯 이어지고, 또 이어지는 소리의 향연을 들으며 시인은 문득 "물기 마른 내 안의 울음들"을 끄집어내고 싶은 욕망에 사로잡힌다. 끄집어내고 또 끄집어내도 마르지 않을 눈물이 "내 안"을 흐르고 있다. 한세상 살면서 한바탕 울고 싶던 적이 어디 한두 번이었겠는가? 이때는 이래서 못 울었고, 저때는 저래서 못 울었다. 울 수 있는 멍석이 펼쳐진 날이면 다른 사람이 볼까 부끄러워 바보처럼 울지 못했다. 시인은 한바탕 울음을 터뜨릴 수 있는 이 순간에도 "어딘가에 슬며시 얹어놓고 싶은,"이라고 말하고 있지 않은가. 거세게 이어지는 빗줄기 소리와 매미 소리에 묻혀 울다 보면 맺히고 맺혀 답답해진 마음이 한결 시원해질지도 모를 일이다.

「난기류」라는 시에 드러나는 대로, 저마다의 인생에는 저마다의 "요철구간"이 있는 법이다. 매끈하게 이어진 고속도로는 하늘에 난 길에도 없다. 시인은 "불가항력의 떨림,"으로 일렁이는 길 위에서 수없이 많은 사람들을 만나며 살아왔다. 누군가에는 상처를 주었고, 누군가에게는 상처를 받았다. 그때그때 풀지 못한 상처는 마음속에 앙금으로 박혔고, 그것은 "너에게로 가는 길"을 골이 깊은 요철구간으로 만들어버렸다. 요철구간은 서로에게 준 이런 상처를 통해서만 형성되는 게 아니다. 「경계에서」를 참조한다면, 지하보도 층계에 엎드려 구걸을 하는 늙은 사내의 눈과 의도치 않게 마주치고는 주머니 속 잔돈푼을 헤아리는 바로 그런 상황 속에서도 난기류는 어김없이 형성된다. 우리네 일상은 언제나 "일상이 스미지 못하는/지하와 지상 그 틈바구니에" 있다. 시인은 지하에 있지도 못하고 그렇다고 지상으로 떳떳이 나가지도 못한 채 그 사이를 서성이고 있다.

안에 있으면 안에 갇히고 바깥에 있으면 바깥에 갇히는, 세상 곳곳이 마음 감옥이 되어버린 상황은, 「바깥에 갇히다」에서 집 열쇠를 잃어버리고 바깥에 갇힌 시인의 모습으로 다시금 펼쳐진다. 열쇠공이 와서 자물쇠를 열기까지 시인은 추레한 세상의 모퉁이에 서 있는 듯한 막막함에 빠진다. 저 문을 열어야 바깥을 벗어나 안으로 들어갈 수 있나. 바깥이 곧 지옥이 되어버리면 자물쇠로 채워진 안은 무엇이 되는 것일까? "앙다문 기억의 자물쇠"라는 시구에 나타나는바, 시인이 느끼는 막막함은 무엇보다 안과 밖이 이어지지 않는 상황 속에서 뻗어 나온다. 빗줄기 소리와 매미 소리를 잇는 그 (불)협화음은 안과 밖 어디에서도 느낄 수 없다. 안은 안이어서 답답하고, 밖은 밖이어서 막막하다. 안과 밖을 하나로 잇지 못하고 이리저리 떠도는 인생살이를 시인은 열쇠를 잃고 막막해진 존재의 시선으로 표현하고 있는 셈이다.

세상의 윗목으로 밀려나 냉골에 엎더 살아온
그는, 지금 불의 침대에 누워 있다

불끈 솟은 굴뚝은 세상의 아랫목 향해
연신 허옇게 토악질을 해대는데

대기실 전광판에 화장 종료 사인이 켜진다

유리벽 너머 흰 마스크 쓴 노인
꾹 꾹 뼛조각을 빻고 있다, 마침표 찍듯

유골함 문이 닫히고
그의 마지막 페이지도 조용히 덮인다

—「너머」 전문

시 제목인 '너머'에는 다양한 의미가 함축되어 있다. 너머는 우선 경계와 맞닿는다. 경계를 넘지 않으면 저 너머로 나아갈 수 없다. 경계는 이를테면, 안과 밖을 연결하는 문과 같다. 문은 안으로 들어가는 길을 열어주고, 밖으로 나오는 길을 열어준다. 안으로도 들어가고 밖으로도 나올 수 있어야 문은 문으로서 제 기능을 하게 된다. 문턱에 도달한다는 건 그러므로 저 너머로 나아갈 길에 이르렀다는 것을 의미한다. 문턱을 넘으면 안(밖)은 곧바로 밖(안)이 된다. 안과 밖을 구분하는 경계의 문턱은 이렇게 저 너머로 가는 길과 연결되는 것이다. 두 번째로 너머는 죽음과 연결되어 있다. 죽음이란 이쪽에서 저쪽으로 넘어가는 존재를 가리킨다. 길은 오로지 이쪽에서 저쪽으로만 뻗어 있다. 저쪽으로 간 사람은 다시는 이쪽으로 돌아올 수 없다는 얘기다. 안과 밖을 연결하면서, 동시에 안과 밖을 닫아거는 '너머'의 시적 맥락은 이렇게 정리될 수 있는 것이다.

여기, 세상의 윗목으로 밀려나 냉골에 엎드려 살다가 이제야 불의 침대에 누운 사람이 있다. 차가운 바닥에 익숙한 사람이 불의 침대를 어떻게 견딜까? 온몸으로 냉골을 껴안았듯, 그는 지금도 온몸으로 불의 침대를 껴안고 있다. 구석구석 몸속에서 불길이 치솟는다. 냉골에서 서럽게 살다 죽은 그가 안타까운지, 허공으로 불끈 솟은 굴뚝은 세상의 아랫목을 향해 허연 연기를 연신 내뱉고 있다. 흰 마스크를 쓴 노인이 화장이 끝난 시신의 뼛조각을 말없이 빻고 있다. 죽은 자는 죽은 자라서 말이 없고, 산 자는 산 자라서 말이 없다. 한 사람이 이 세상을 살다간 흔적은 작은 유골함에 담긴 뼛가루로 남았다. 어딘가에 뼛가루가 뿌려지면 한 사람의 흔적은 완전히 허공 속으로 흩어질 것이다. 한 사람이 삶 너머로 나아갔지만, 삶 너머에는 아무것도 없다.

시인은 이 시의 마지막을 "유골함 문이 닫히고/그의 마지막 페이지도 조용히 덮인다"라는 구절로 맺고 있다. 한 생이 시작되는 순간이 있으면, 한 생이 닫히는 순간도 어김없이 있다. 시인은 한 생이 닫히는 이 순간에 '너머'라는 시어를 붙이고 있다. 너머는 그러니까 경계를 넘어 이쪽에서 저쪽으로 가는 존재를 전제한다. 저쪽으로 간 존재는 다시는 이쪽으로 돌아올 수 없다고 했다. 이쪽과 저쪽이 분명히 나뉘어져 있는데도, 우리는 왜 자꾸만 저쪽을 이야기하는 것일까? 저쪽으로 가야 할 사람들이 여전히 이쪽에서 살고 있기 때문이다. 저쪽은 바로 이 지점에서 이쪽과 이어진다. "그의 마지막 페이지가 조용히 덮"이는 순간, 다른 이의 첫 페이지가 비로소 열린다. 보이는 것만이 전부가 아니라는 진실이 다시 한번 확인되는 순간이다. 시인은 죽음과 더불어 삶을 말하기 위해 '너머'에 있는 다른 세계에 관심을 기울인 셈이다.

삶 너머에는 죽음이 있고 또한 삶이 있다. 「삼척 2」에는 돌봐줄 이 하나 없는 고도(孤島)에서 아이를 낳은 여자가 나온다. 몸이 작은 아기는 화수분 울음주머니라도 지니고 태어났는지 울음을 그치지 않는다. 갓 태어난 아기는 살기 위해 울음을 운다. 울지 않으면 아무도 자기를 돌보아주지 않으리라는 걸 아기는 직감적으로 알고 있다. 아이 엄마는 그저 눈물만 글썽일 뿐이다. 시인은 "목숨과 목숨 사이 척력이 거세지는 곳"으로 '삼척'을 표현한다. 척력은 상대를 밀어내는 힘이다. 한 목숨은 살기 위해 울고, 한 목숨은 그 울음을 밀어내기 위해 하염없이 운다. 목숨과 목숨 사이에 있는 척력은 목숨과 목숨 사이에 있는 울음만큼이나 힘이 세다. 죽은 아이를 들쳐 업고 십 리 길을 내달린 엄마(「그리 오래지 않은」)도 눈물을 흘리고, 살아 있는 아이를 애써 밀어내는 엄마도 눈물을 흘린다. 이 두 눈물을 과연 다른 눈물이라고 말할 수 있을까?

「가만히」에서 시인은 여든 살 엄마 얼굴에 드리워진 "생의 무늬"를 들여다보고 있다. 엄마 얼굴에는 세월의 흔적인 주름이 가득하다. 저 주름을 펴면 엄마가 살아온 신산한 삶이 실타래 풀리듯이 술술 풀려나올지 모른다. 시인은 엄마의 주름을 해묵은 백자 찻잔이 스민 실금에 비유한다. "황토 가마 속 고온의 고통 견디느라/비어져 나온 신음들이 그어놓은" 실금은 흐르는 시간 속에서 "속울음"으로 자리 잡은 엄마 얼굴에 새겨진 주름과 자연스레 이어진다. 김채운은 이렇게 시간이 흘러가는 와중에서도 변치 않는 생의 무늬를 속 깊은 시선으로 그려내고 있다. 삶과 죽음 사이에서 피어나는 '생의 무늬'는 하나로 환원될 수 있는 무늬로 우리 앞에 나타난다. 주름진 엄마 얼굴에는 한생을 살면서 겪었을 수많은 희로애락(喜怒哀樂)이 담겨 있다. 주름 한 꺼풀을 벗겨내면 저절로 딸려 나올 이 무늬로 시인은 언어의 집을 짓는 것이다.

세상은 둥글하므로 바다의 아이가 물고기를 데리고 논다 아이와 물고기와 아이와 게와 그리고 중섭이 둥글둥글 하나로 이어지고 콧수염 덥수룩한 중섭도 아이들 틈에 슬쩍 끼어들어 금세 어린아이 돼버리고 천진하게 난만하게 아이들은 물고기를 데리고 게를 데리고 중섭을 데리고 둥글게 둥글게 서로 어우러져 게와 물고기와 아이와 놀이에 빠져 시간 다 잊어 먹고 파도는 신나게 밀려왔다 쏜살같이 달아나고 세상은 둥글하므로 중섭도 놀이에 빠져 세상 시름 다 까먹고

—「물고기와 아이들 —이중섭展에서」 전문

앙큼한 저것이 상복을 입었는데 제 아비 죽어 검은 상복 입었는데 해쓱한 낯빛과 짓무른 눈가를 보면 아비의 죽음 자명한데 훤하게 잘난 제 아비는 사시사철 검정양복 차려 입은 무일푼 번화한 도심지 네거리 슬렁거리며 지나는 뭇 여인들 가슴만 콩콩 뛰게 했다는데 느지막이 태어난 저것이 아비의 맵시 그대로 빼박아 검은 상복 입은 저것이 왜 아리따워만 보이는 것이냐 스무 살의 고아 저것이 왜 관능미 설설 풍기는 것이냐 제 아비 장례의 날에 스무 살 적 제 아비 닮은 저것이 늘비한 근조 화환 곁에 서서 백치 같은 표정

으로 이 앙다물었는데 영정 앞에 절 올리는 뒤태마저 검은 고양이만 같아 참 하릴없이 나른한 기운 감돌게 하는데

—「슬픈 관능」 전문

김채운이 지은 언어의 집에서 아이들은 마음껏 뛰어놀고, 스무 살에 고아가 된 청춘은 검은 상복을 입어도 몸 바깥으로 새어 나오는 관능미를 주체하지 못한다. 아이들이 둥글게 둥글게 서로 어우러져 노는 게 자연이라면, 스무 살 여자가 검은 상복 너머로 관능미를 솔솔 풍기는 것 또한 자연이다. 뛰어놀지 않은 아이들이 쉽게 시들어 버리듯, 관능미를 내뿜지 못한 청춘 또한 쉽게 시들어 버린다. 아이는 아이답게 놀고, 청춘은 청춘답게 관능미를 자랑해야 이 세상은 "둥글둥글 하나로 이어" 진 세계로 거듭난다. 시인은 이중섭의 그림을 모티브로 삼아 쓴 「물고기와 아이들」에서 "세상은 둥글하므로 바다의 아이가 물고기를 데리고 논다" 고 천명한다. 둥글한 세상에서는 아이가 물고기가 되고, 물고기가 아기가 되는 신비가 아무렇지 않게 일어난다. 그림을 그린 이중섭이 그림 속으로 들어가 아이들 틈에 슬쩍 끼어드는 일도 현실 인 듯 자연스레 펼쳐진다.

어른이 금세 어린아이가 되어버리는 이 세계를 우리는 어떻게 받아들이면 좋을까? 시인은 화가와 아이와 게와 물고기가 둥글게 어울려 시간을 다 잊어먹고 흠뻑 놀이에 빠

진 상황을 상상한다. 그림을 그린 이중섭이 그림 속으로 뛰어들었으니, 시를 쓰는 시인 또한 시 속으로 뛰어들어 이중섭과 아이들과 게와 물고기와 모나지 않게 어울린다. 둥근 세상은 언제나 둥근 세상으로 이어진다. 뫼비우스의 띠처럼 이어진 공간을 아이가 된 시인은 쉴 새 없이 뛰어다닌다. 이중섭이 그린 그림에는 경계가 없다. 당연히 시인이 쓴 시에도 이쪽과 저쪽을 나누는 경계가 없다. 이중섭이 "놀이에 빠져 세상 시름 다 까먹"었듯, 시인 또한 놀이에 빠져 세상 시름을 다 잊고 둥글고 둥근 세상에서 아이들과 기껍게 즐거운 놀이를 벌이고 있다.

이중섭이 그린 세상에서 아이들이 세차게 뿜어내는 활력은 「슬픈 관능」에 이르면 스무 살 청춘의 관능미로 변주되어 나타난다. '슬픈' 이라는 말이 시 제목에 붙어 있지만, 이 시를 슬픔에 한정하여 읽을 필요는 없다. 시인은 죽음의 공간조차도 뛰어넘은 "앙큼한 저것" 의 관능미에 주목하고 있다. 관능미는 오로지 산 자를 통해서만 펼쳐진다. 살아 있음을 나타내는 미적 표징이 관능미라고나 할까? 죽은 아비 또한 젊었을 때는 사시사철 검정양복 차려입고 도심지를 거닐며 뭇 여성들의 가슴을 콩콩 뛰게 했다. 한 청춘이 스러진 자리를 다른 청춘이 잇는다. 아비의 맵시를 빼박은 스무 살 청춘은 관능미를 설설 풍기며 장례식장에 활력을 불어넣는다. 늘비한 근조 화환 곁에 백치 같은 표정으로 입을 앙다문 채 선 청춘을 보며 시인은 "참 하릴없이 나른한 기운"에 빠져든다.

시 제목인 '슬픈 관능'은 아마도 죽음의 시간 속에서 채 피어나지 못한 청춘의 관능미와 이어질 것이다. 달리 생각하면 시인은 시간 속에서 스러질 수밖에 없는 관능미를 스무 살 청춘에게서 보고 있는지도 모른다. 이중섭이 그린 그림을 보면서는 놀이에 흠뻑 빠진 시인이 스무 살 청춘을 묘사하면서는 왜 슬픔을 말하고 있을까? 아이들이 뛰노는 둥근 세상에는 시간이 끼어들 틈이 없다. 가상과 현실이 해체되는 자리에서 시인은 어른과 아이가 구분되지 않는 상상 세계를 만들어낸 것이다. 하지만 스무 살 청춘이 관능미를 뿜어내는 장소에는 시간의 멍에가 드리워져 있다. '슬픔'이라는 정서 자체에 이미 시간성이 개입하고 있지 않은가?

이번 시집에 실린 시들을 전체적으로 살피면, 김채운은 아이들이 만드는 둥근 세상보다는 시간 속에서 스러지는 관능미에 더 큰 관심을 기울이고 있다. 「낙우송(落羽松)」에 표현된 대로, 한세상을 오지게 품고 산 소나무도 때가 되면 소슬바람에 실어 녹슨 깃털들을 내려놓는다. 아이들이 주인공인 둥근 세상에서는 일어날 수 없는 일이, 시간을 사는 생명 세계에서는 어김없이 일어난다. 중요한 것은 운명인 듯 몸에 새겨진 이 시간으로 하여 우리(더 넓게 보면 생명)는 저 아뜩한 자리에서 들려오는 "외경의 말씀"

(「피뢰침」)에 가까이 갈 수 있다는 점이다. 물론 이리 되려면 피뢰침처럼 몸을 곧추 세우고 자기를 파괴하는 번개를 온몸으로 받아내는 '치명적 도약'(옥타비오 파스)이 필요하다. 치명적 도약은 자기가 중심이라는 망상을 버리는 데서 비롯된다. 인간이 세상=우주의 중심이라는 그릇된 인식을 내려놓아야만 우리는 소슬바람에 온몸을 맡기는 소나무처럼 한세상을 품을 수 있는 것이다.

오롯이 제 것 아닌 제 것일 수 없는 목숨, 곧이곧대로 견본이어야 한다

포르말린 냄새가 밴 실험실에 빙 둘러 선 우리들 얼굴에는 두려움이 점령해 있었다 사지에 침이 꽂힌 개구리가 칠성판에 누워 이승의 마지막 들숨 날숨을 아스라이 잇고 있다 조별 조장은 제의를 집전하는 사제, 깊은숨 들이마신 연후에 메스를 들어 허옇고 볼록한 산 제물의 뱃가죽 죽 긋는다 내처 해부용 가위로 갈라 속내 활짝 열어젖힌다 자, 보아라 두 눈 크게 뜨고 들여다보아라 목숨이 목숨이도록 뜨겁게 생동하는 검붉은 장기를! 누군가는 신기한 듯 얼굴 바짝 들이대고 속속들이 살핀다 아무렇지도 않게 핀셋으로 이리저리 들쳐도 보고, 호기심 가득한 시선은 내숭인지 조롱인지 킥킥대는 웃음소리 "가쁘게 뛰는 게 심장이요 이것은 콩팥이며 간이고, 또 이것은 쓸개, 그리고 이것은 개구리의 생

식—" 그 이름 다 내뱉지도 못한 찰나 제물의 왼쪽 앞다리가 허공에 솟구친다 사지를 고정시킨 침이 실험실바닥 저만치로 날아가 떨어진다, 남은 다리들도 칠성판 벗어나려 난장이다 어설픈 마취 풀리면서 저 버둥대는 다리들 물갈퀴 펼치어 떠나온 연못 향해 헤엄쳐 나가려나 꽂은 침 뽑아내어 우리에게 일침을 가하려는 심산인가 열린 몸통 속 심장은 더욱 세차게 뛰는데 살아 있다는 건 공포인가 치욕인가 까발린 채로 제 속 다 드러낸 채로 그것은 어쩌면 우리들의 몫! 희생제물의 몸부림 거칠어질수록 우리들의 몸서리는 점점 더 격렬해지고……

—「견본」 전문

견본(見本)은 상품의 품질이나 효용을 알리기 위해 만든 본보기 상품을 가리킨다. 위 시에 나오는 견본은 "사지에 침이 꽂힌 개구리"를 가리킨다. 개구리는 지금 칠성판에 누워 이승의 마지막 숨을 아스라이 잇고 있다. "오롯이 제 것 아닌 제 것일 수 없는 목숨,"에 나타나는 대로, 개구리는 제 목숨을 오롯이 제 목숨으로 펼칠 수 없다. 살아 있는 개구리를 견본=대상으로 만듦으로써 인간은 생명의 비밀스런 문을 열어젖히려고 한다. 시인은 해부를 관장하는 조장 학생을 "제의를 집전하는 사제"로 표현한다. 사제는 이 세상을 만든 절대자로부터 개구리를 해부할 권리를 위임

받았다. 물론 개구리는 이 사실을 모른다. 인간은 인간만이 오로지 절대자인 신을 알고 있으며, 그 신을 대신하여 다른 생명을 다스리는 권리가 있다고 주장한다. 누가 인간에게 이런 권리를 주었느냐고? 신이 주었다. 인간이 신을 만들었으니 결국 인간이 인간에게 다른 생명을 다스릴 권리를 준 셈이다.

사제는 깊은 숨을 들이마신 후 메스를 들어 산 제물의 뱃가죽을 죽 그은 후, 곧바로 해부용 가위로 갈라 속내를 활짝 열어젖힌다. 호기심에 어린 눈들이 산 채로 내부를 활짝 벌린 생명을 보고 있다. "목숨이 목숨이도록 뜨겁게 생동하는 검붉은 장기"가 뚜렷이 보인다. 누군가는 아무렇지도 않게 핀셋으로 이리저리 들쳐보고, 또 누군가는 내숭인지 조롱인지 킥킥대는 웃음을 흘린다. 한 생명이 '과학' 이라는 이름으로 죽어가고 있는데, 그것을 집행하는 사제(들)는 산 것도 죽은 것도 아닌 생명을 향해 전혀 배려심을 보이지 않는다. 개구리 장기(臟器)들을 미처 설명하기도 전에 "제물의 왼쪽 앞다리가 허공에 솟구친다." 사지를 고정시킨 침이 저만치로 날아가 떨어지자 개구리 다리들이 난장을 펴며 칠성판을 벗어나려고 한다. 개구리는 말 그대로 살아 있는 '견본' 이다. 누가 살아 있는 개구리를 물건으로 만들었을까?

시인은 인간이 세상의 중심에 놓이면서 벌어지는 끔찍

한 일을 상상한다. 어설픈 마취가 풀리면서 내장이 드러난 개구리는 산 것도 죽은 것도 아닌 존재가 되어버린다. 개구리는 지금 무슨 일이 벌어지고 있는지 알고 있을까? 사제가 된 인간은 개구리가 겪을 고통을 전혀 생각하지 않는다. 개구리는 살아 있는 생명이 아니라 살아 있는 견본이기 때문이다. 세상의 중심에 선 인간은 인간을 위해서라면 다른 생명의 목숨을 빼앗는 것쯤 아무렇지 않은 일로 생각한다. "까발린 채로 제 속 다 드러난 채로 그것은 어쩌면 우리들의 몫!"이라고 시인은 쓰고 있다. 지금은 개구리가 산 것도 죽은 것도 아닌 물건이 되었지만, 나중에는 인간이 그런 상황에 빠져들 수 있다. 인간이 거침없이 인간을 죽이는 전쟁을 떠올려 보라. 자연이 물건이 되면 인간 또한 물건이 되지 않을 수 없다. 생명은 어느 것 하나 없이 서로서로 연결되어 있기 때문이다.

「백야」라는 시에서 시인은 구스타프 말러가 말한 "삶도 어둡고 죽음도 어둡다"라는 구절을 변용하여 "죽음도 어둡거니와/삶도 그러하니라"라고 쓰고 있다. 죽음도 어둡고 삶도 어두우므로 시인은 캄캄 절벽에서 깍지를 풀지 못하고 위태롭게 서 있다. 백야는 대낮처럼 밝은 어둠을 의미한다. 지금 우리는 대낮처럼 밝은 어둠을, 혹은 어둠으로 감싸여진 대낮을 살고 있는지도 모른다. 어디로 가도 어둠이 아가리를 벌리고 우리를 맞이한다. 인간은 자연에 계몽의 빛을 비춤으로써 '어두운 자연'을 밝게 하려고 했지만, 애초부터 밝음과 어둠은 자연이 지닌 두 가지 특성일 뿐이었다. 삶이 어두운데 어떻게 죽음이 밝을 수 있으며, 죽음이 어두운데 어떻게 삶이 밝을 수 있을까? 인간이 자연으로 내몬 어둠은 때가 되면 부메랑이 되어 인간에게 돌아온다. 하나를 얻으면 반드시 다른 하나를 잃는 게 자연이 인간에게 들려주는 법칙이다.

투드덕 투드덕 한낮의 적막을 긁어대던 소리 잠잠해졌다 목침을 베고 잠이 든 아버지, 손아귀에 담긴 호두 두 알이 화를 다스리는 동안
아버지의 거처가 바뀌었다 일흔 지나 병원 출입 잦아지더니 대학병원 입원실에 둥지를 튼 것이다 선잠 든 아버지 머리맡에 덩그마니 놓인 호두알에 반질반질 윤기가 돈다
세상 향해 불끈 쥔 주먹 날리는 대신, 손바닥 불룩하게 품은 호두 두 알 툭툭 불거진 주름자리 갈아낼수록 아버지 모난 마음결도 둥그러졌으리라
겹겹의 껍데기 둘러쓰고도 가장 불안했을 세속의 가장자리, 그의 잠은 언제쯤 단단해질까

—「견고한 잠」 전문

아버지는 "세상 향해 불끈 쥔 주먹 날리"며 살아왔다. 세

상의 중심에서 밀려나지 않으려고 아버지는 불끈 쥔 두 주먹을 세상을 향해 연방 날렸다. 상대를 이겨야 내가 살 수 있는 무한 경쟁 사회에서 아버지는 오로지 두 주먹만을 믿었다. 이제 주먹을 더 이상 이용할 수 없는 아버지는 손아귀에 담긴 호두 두 알을 매만지며 스스로 오래된 화를 다스리고 있다. 나이를 먹어도 가슴에 들끓는 화는 쉽게 사그라지지 않는다. 상대를 향해 주먹을 날리며 살아온 인생이 아니던가. 습관처럼 온몸에 들러붙은 화를 삭이느라 아버지는 잠도 제대로 자지 못한다. 투드덕 투드덕 한낮의 적막을 긁어대던 소리가 스러지고 아버지가 오랜만에 목침을 벤 채 잠에 빠져든다. 아버지는 지금 대학병원 입원실에 둥지를 틀고 있다. 누구도 시간을 거스르지 못한다. 칠십을 넘어 병원을 자주 드나들던 아버지는 입원실로 거처를 옮기면서 부쩍 호두 두 알을 손아귀에 쥐고 매만지는 일이 늘었다.

반질반질 윤기가 도는 호두 두 알이 아버지가 마음속에서 겪었을 전쟁을 새삼 보여준다. 툭툭 불거진 호두 두 알의 주름 자리를 손바닥으로 갈아내면서 아버지의 모난 마음결도 한없이 둥글어졌다. 갑작스레 화가 치밀어 오를 때마다 아버지는 손바닥에 품은 호두 두 알을 매만지고 또 매만졌을 것이다. 모난 마음은 모난 마음을 부르고, 둥근 마음은 둥근 마음을 부르는 법이다. 습관처럼 몸에 달라붙은 모난 마음은 조금이라도 틈이 생기면 밖으로 불쑥 얼굴을 내민다. "겹겹의 껍데기 둘러쓰고도 가장 불안했을 세속의 가장자리"에서 아버지는 얼마나 시달렸을까? 일부러 화를 내는 사람은 없다. 자기도 모르게 화가 본능처럼 치밀어 오른다. 아버지는 몸이 더 이상 화를 감당할 수 없을 때가 되어서야 화가 지닌 맨얼굴과 마주했을 것이다. 잠 못 드는 새벽녘에 멀끔히 눈을 뜬 채로 몸에 새겨진 화와 맞닥뜨린 아버지의 마음은 어땠을까?

시인은 위 시에서 호두 두 알이 아버지에게 가져다줄 "견고한 잠"을 노래한다. 아버지는 몸 밖으로 화를 내보낼 때만이 견고한 잠에 빠져들 수 있다. 호두 두 알을 매만질수록 모난 마음은 둥글어질 테고, 그럴수록 견고한 잠에 빠지는 순간은 빨리 다가올 것이다. 시인은 호두 두 알을 간절하게 매만지는 아버지의 모습에서 시작(詩作)이 꿈틀대는 광경을 보고 있다. 시(인)는 모난 마음을 끊임없이 매만져 둥근 마음으로 가는 길을 제시한다. 호두 두 알에 서린 시학은 시를 쓰는 일이 곧 마음자리를 탐색하는 일과 다르지 않다는 것을 암시한다. 시인은 아버지의 마음자리에 피어난 둥근 무늬로 견고한 잠, 달리 말하면 견고한 시로 가는 길을 모색한다. 그것은 모난 마음을 온몸으로 받아들이는 험난한 길을 거쳐야만 이를 수 있는 세계이다.

사소한 일상에 뿌리를 내린 김채운 시는 이렇게 아버지

가 호두 두 알로 이른 마음자리로 뻗어 나간다. 마음자리가 밝으면 삶이니, 죽음이니 하는 멍에에 구애될 까닭이 없다. 「대비」에 나타나는 대로, 마음은 언제나 "규명할 수 없는 무채색의 슬픔덩어리"로 우리 앞에 제시될 뿐이다. 그것은 모난 마음을 날리면 모난 마음을 따르고, 둥근 마음을 날리면 둥근 마음을 따른다. 둥근 마음으로 세상을 들여다보면 세상 또한 둥글어지는 원리라고나 할까? 시인은 그래서 아버지처럼 호두 두 알을 손에 쥐고 매만지는 일을 계속해서 하고 있다. 호두에 새겨진 주름 자리를 갈아내고 시인은 그 자리에 아버지가 이른 둥근 마음을 새기려고 한다. 이 마음이 살아야 아이를 잃고 끔찍한 고통에 빠진 어미(「대비」)를 살릴 수 있다. 사람들을 살리는 이 마음결로 시인은 무채색의 슬픔덩어리에 색칠을 하는 언어 작업을 멈추지 않고 있는 것이다.

애 지 시 선

002 붉디 붉은 호랑이 장석주 시집
003 붉은 사하라 김수우 시집
004 자전거 도둑 신현정 시집
005 정비공장 장미꽃 엄재국 시집
006 기차를 놓치다 손세실리아 시집
007 바람의 목례 김수열 시집
008 그리운 연어 박이화 시집
009 뜨거운 발 함순례 시집
010 정오의 순례 이기철 시집
011 그 남자의 손 정낙추 시집
012 즐거운 세탁 박영희 시집
013 구룡포로 간다 권선희 시집
014 좋은 날에 우는 사람 조재도 시집
015 여수의 잠 김열 시집
016 축제 김해자 시집
017 뜻밖에 박제영 시집
018 꽃들이 딸꾹 신정민 시집
019 안개부족 박미라 시집
020 아배 생각 안상학 시집
021 검은 꽃밭 윤은경 시집
022 숲에 들다 박두규 시집
023 물가죽 북 문신 시집
024 마늘 촛불 복효근 시집
025 어처구니 사랑 조동례 시집
026 소주 한 잔 차승호 시집
027 기찬 날 표성배 시집
028 물집 정군칠 시집
029 간절한 문장 서영식 시집
030 고장 난 아침 박남희 시집
031 하루만 더 고증식 시집
032 몸꽃 이종암 시집
033 허공에 지은 집 권정우 시집
034 수작 김나영 시집
035 나는 열 개의 눈동자를 가졌다 손병걸 시집
036 별을 의심하다 오인태 시집
037 생강 발가락 권덕하 시집
038 피의 고현학 이민호 시집
039 사람의 무늬 박일만 시집
040 기울어짐에 대하여 문숙 시집
041 노끈 이성목 시집
042 지독한 초록 권자미 시집
043 비데의 꿈은 분수다 정덕재 시집